FICHA CATALOGRÁFICA

(Preparada na Editora)

Xavier, Francisco Cândido, 1910-2002.

X19v   Visão Nova / Francisco Cândido Xavier, Espíritos Diversos. Prefácio de Emmanuel Araras, SP, 3ª edição, IDE, 2009.

96 p.: il.

ISBN 978-85-7341-459-2

1. Espiritismo
2. Psicografia-Mensagens
I. Espíritos Diversos II. Título.

CDD-133.9
-133.91

Índices para catálogo sistemático:
1. Espiritismo 133.9
2. Psicografia: Mensagens: Espiritismo 133.91

MENSAGENS PARA SEU DIA

CHICO XAVIER

VISÃO NOVA

ESPÍRITOS
- ANDRÉ LUIZ
- EMMANUEL
- BEZERRA DE MENEZES
- MEIMEI
- SCHEILLA
- AGAR
- NINA ARUEIRA

ide

ISBN 978-85-7341-459-2

3ª edição - agosto/2009
2ª reimpressão - julho/2016
2.000 exemplares

(26.001 a 28.000)

Copyright © 1985,
Instituto de Difusão Espírita - IDE

Conselho Editorial:
Hércio Marcos Cintra Arantes
Doralice Scanavini Volk
Wilson Frungilo Júnior

Projeto Editorial: *Jairo Lorenzetti*

Revisão de texto: *Mariana Frungilo*

Capa e Diagramação:
César França de Oliveira

INSTITUTO DE DIFUSÃO ESPÍRITA - IDE
Av. Otto Barreto, 1067 - Cx. Postal 110
CEP 13600-970 - Araras/SP - Brasil
Fone (19) 3543-2400
CNPJ 44.220.101/0001-43
Inscrição Estadual 182.010.405.118
www.ideeditora.com.br
editorial@ideeditora.com.br

Todos os direitos reservados. Nenhuma parte desta publicação pode ser reproduzida, armazenada ou transmitida, total ou parcialmente, por quaisquer métodos ou processos, sem autorização do detentor do copyright.

MENSAGENS PARA SEU DIA

CHICO XAVIER

VISÃO NOVA

SUMÁRIO

Visão Nova, Emmanuel 9

1 - Abençoa sempre, Scheilla 11

2 - Aos enfraquecidos na luta, Emmanuel .. 17

3 - Caminhos, Meimei 21

4 - Santuário interior, Agar 25

5 - Fraternidade em ação, Nina Arueira 29

6 - Verbos Cristãos, André Luiz 35

7 - Esse o caminho, Meimei 37

8 - Ponderação, Bezerra de Menezes 41

9 - Fora da boa vontade nao há solução, Emmanuel 45

10 - Repreensão, Emmanuel 49

11 - Dever, Emmanuel 55

12 - Unamo-nos, Nina Arueira 57

13 - Mediunidade, Emmanuel 61

14 - Aprendizado, Emmanuel 63

15 - A mentira, Emmanuel 65

16 - Pagar até o último ceitil, Bezerra de Menezes 67

17 - A grande instrutora, Emmanuel 71

18 - Oração na festa das mães, Emmanuel 77

19 - Mensagem às mães, Meimei 83

20 - Prece de amor, Scheilla 89

VISÃO NOVA

Leitor amigo.

A todos os companheiros que nos solicitam orientação para o rumo certo na vida, nós, os servidores dos servidores da Espiritualidade, oferecemos este livro despretensioso, em cujas páginas apresentamos, em lances rápidos de reflexão, a nossa visão nova da existência, como quem apresenta alguns dos degraus da grande escada que nos compete transpor, na conquista da própria evolução.

Que Jesus, o nosso Divino Mestre, inspire e fortaleça, a fim de que não nos faltem disposição e coragem para seguirmos em frente na laboriosa e bela ascensão, destinada a renovar-nos para a Vida Maior, são os nossos votos.

Emmanuel

ABENÇOA SEMPRE

1

ABENÇOA SEMPRE

Seja onde for, abençoa para que a bênção dos outros te acompanhe.

Todas as criaturas e todas as cousas te respondem, segundo o toque de tuas palavras ou de tuas mãos.

Abençoa teu lar com a luz do amor, em forma de abnegação e trabalho, e o lar abençoar-te-á com gratidão e alegria.

Abençoa a árvore de tua casa com a dádiva de teu carinho, e a árvore de tua casa abençoar-te-á com o perfume da flor e com a riqueza do fruto.

Se amaldiçoas, porém, o companheiro de cada dia com o azorrague da censura, dele receberás a mágoa e a desconfiança.

Se condenas o animal, que te partilha o clima doméstico, à fome e à flagelação, dele obterás rebeldia e aspereza.

Em verdade, não podes abençoar o mal a exprimir-se na crueldade, mas deves abençoar-lhe as vítimas para que se refaçam, de modo a extingui-lo.

Não será justo que abençoes a enfermidade que te aflige, mas é indispensável que abençoes o teu órgão doente para que com mais segurança se reajuste, expulsando a moléstia que, às vezes, te impõe amargura e desequilíbrio.

Não amaldiçoes nem mesmo por pensamento.

A ideia agressiva ou destruidora é corrosivo em nossa boca, sombra em nossos olhos, alucinação em nossos braços e infortúnio em nossa vida.

Abençoa a mão que te fere, e a mão que te fere aprenderá como eximir-se da delinquência.

Abençoa o verbo que te insulta e evitarás a extensão do revide.

Abençoa a dificuldade, e a dificuldade revelar-te-á preciosas lições.

Abençoa o sofrimento, e o sofrimento regenerar-te-á.

Abençoa a pedra, e a pedra servirá na construção.

Não olvides o Divino Mestre da Bênção.

Jesus abençoou a Manjedoura e dela fez o berço luminoso do Evangelho nascente; abençoou a Pedro, enfraquecido e vacilante, transformando-o em vigoroso pescador de almas; abençoou a Madalena, obsidiada, e nela plasmou o sinal da sublimação humana; abençoou Lázaro, cadaverizado, e lhe devolveu a vida e, por fim, abençoou a própria cruz, nela esculpindo a vitória da ressurreição imperecível.

Abençoa a Terra, por onde passes, e a Terra abençoará a tua passagem para sempre.

Scheilla

AOS ENFRA-QUECIDOS NA LUTA

2

AOS ENFRAQUECIDOS NA LUTA

Almas enfraquecidas, que tendes, muitas vezes, sentido sobre a fronte o sopro frio da adversidade, que tendes vertido muito pranto nas jornadas difíceis, em estradas de sofrimento, buscai na fé os vossos imperecíveis tesouros.

Bem sei a intensidade de vossa angústia e sei da vossa resistência ao desespero.

Ânimo e coragem!

No fim de todas as dores se abre uma aurora de ventura imortal; dos amargores experimentados, das lições recebidas, dos ensinamentos conquistados à custa de insano esforço e de penoso labor, tece a alma a sua auréola de imortalidade luminosa; eis que os túmulos se quebram, e da paz, além das cinzas e das sombras dos jazigos, emergem as vozes comovedoras dos supostos mortos.

Escutai-as!... Elas vos dizem da felicidade do dever cumprido, dos tormentos da consciência culpada, das obrigações que se nos fazem necessárias...

Orai, trabalhai e esperai.

Palmilhai todos os caminhos da prova com destemor e serenidade.

As lágrimas que dilaceram, as mágoas que pungem, as desilusões que fustigam o coração, constituem elementos atenuantes das nossas imperfeições no Tribunal Augusto, onde pontifica o mais justo, magnânimo e íntegro dos juízes.

Sofrei e confiai que o silêncio da morte é o ingresso em outra vida, onde todas as ações estão contadas e gravadas com as menores expressões dos nossos pensamentos.

Amai muito, embora com amargos sacrifícios, porque o amor é a única moeda que assegura a paz e a felicidade no Universo.

Emmanuel

CAMINHOS

3
CAMINHOS

Quem te definiu por benfeitor daqueles a quem desataste as cadeias de sofrimento, quando estendias a mão para auxiliar?

Não olvides que ajudavas também a ti mesmo, construindo os caminhos da própria libertação.

Esses corações enregelados no frio do desencanto, que trazes de novo ao sol da vida, brilharão amanhã por luzeiros de consolo para teus olhos, quando a sombra te nevoar a visão e essas almas atormentadas, que arrebatas ao incêndio de transes arrasadores, para mitigar-lhes a sede na taça de teu carinho, ser-te-ão, de futuro, quais fontes de água fresca, quando as provas do mundo te descerrarem aos pés o trilho de sarça ardente.

Essas crianças famintas, que conchegas de encontro ao peito, surgirão, mais tarde, por vasos de luz para a tua esperança, e esses amigos desfalecentes, que o mundo situa agora nos vales da enfermidade e da prostração, erguidos por teus braços, serão como pontes providenciais, facilitando-te a passagem, quando pedras e espinhos te dificultarem a marcha.

Cada ouvido a que chegue tua mensagem de entendimento será uma voz, que falará aos ouvidos do mundo, em favor de teu ideal.

Segue amando e servindo sempre.

Muitos estacionarão para sorrir ante a história da víbora que o inverno entorpecera... Encontrada por um devoto, foi por ele piedosamente reaquecida, mais eis que, voltando ao calor e ao movimento, mordeu-lhe as mãos de amigo, inoculando-lhes peçonha mortal.

Essa lenda, no entanto, foi inventada pela imaginação do pessimismo para os lazeres da indiferença.

Procurarás, no entanto, por tua vez, o Mestre Divino e contar-te-á, o Senhor, a apoteose da cruz, que, recebida por Ele entre o silêncio do perdão e as preces de amor, converteu-se numa escada de triunfo e ressurreição, para que se lhe expandisse a vitória nos Céus.

Meimei

SANTUÁRIO INTERIOR

4

SANTUÁRIO INTERIOR

Na procura da felicidade e da paz, todos somos viajantes do mundo, caminhando sobre as cinzas de nossos ídolos mortos.

Construímos palácios de ouro de que nos retiramos desencantados e abraçamos paixões que nos calcinam os sonhos, a fogo de aflição.

Seguimos para diante entre flores que morrem, luzes que se apagam, cânticos que emudecem...

Só existe, na vida, em verdade, uma edificação que resiste à ventania implacável das horas – aquela em que nossa alma recolhe da argila humana a experiência necessária para erguer em si mesma o templo da humildade e do amor.

Santuário feito de suor e de lágrimas, nele rendemos culto incessante à compreensão e à fraternidade, por facultar-nos mais amplo entendimento da Bondade de Deus.

Nele, por vezes, agoniada solidão nos aflige, entretanto, é aí dentro que conseguimos silêncio bastante para ouvir os apelos do Alto que nos conclamam à Luz Espiritual, através da renunciação no bem dos outros.

E, quase sempre, a fim de erigi-lo, no coração e na consciência, é imprescindível padecer provas e dores que nos aproximem da vida.

Alcançando-o, porém, respiramos na antecâmara da Vida Mais Alta, porque aí, nesse recanto indevassável, fala o Mestre e ouve o aprendiz, assimilando, por fim, a lição que o integrará na posse do Céu em si mesmo para sempre.

Agar

FRATERNIDADE EM AÇÃO

5

FRATERNIDADE EM AÇÃO

O insulamento de um povo é comumente a origem de grandes calamidades.

A evolução não admite intervalos, e a coletividade, relegada aos seus próprios caprichos, costuma atrasar o relógio do progresso, acabando surpreendida por aflitivos desastres.

Fomos criados para o crescimento do Espírito.

Somos a Família Universal.

Irmãos identificados pelos mesmos princípios, nossas lutas e alegrias, dificuldades e esperanças, são quase sempre as mesmas em todos os climas da Terra.

Por isso mesmo, não nos esqueceremos da solidariedade, sem deploráveis prejuízos.

Quem não aprende com os outros, sofre longo estágio no cipoal da ignorância.

Quem não auxilia aos outros, cristaliza-se no egoísmo.

Quem não se comunga com os outros, viaja sozinho.

A propósito, recordamos que Moisés, no início do Testamento, colocou na boca paternal de Jeová a frase que atravessaria os milênios: – "não é bom que o homem esteja só".

Abandonada a si própria, a criatura inteligente acabaria esmagada pela complexidade da vida, mas ligada a todos, pelos laços do trabalho e do amor, encontra o próprio equilíbrio, satisfazendo aos imperativos do crescimento e da elevação, entrando na posse definitiva dos tesouros que a Vida Abundante lhe reserva.

Permutando experiências e ensinamentos, melhoramos as nossas realizações, porque se os nossos objetivos são inalteráveis, as condições e os problemas são diferentes.

A comunhão fraternal é o nosso caminho inevitável toda vez que desejamos a exaltação do bem com todos em favor de todos.

Eis por que, desejando, para nós todos, a Luz Divina, no serviço de aproximação mútua que a Bondade do Senhor nos permite efetuar, aquecemos o coração no calor da boa vontade, aprendendo uns com os outros sob o patrocínio do Divino Mestre, para elevar o nível da vida onde estivermos, compreendendo que Doutrina Espírita é sempre fraternidade em ação.

Nina Arueira

VERBOS CRISTÃOS

6

VERBOS CRISTÃOS

Esperar sem revolta.

Sentir sem maldade.

Conhecer sem desprezar.

Cooperar sem desajustar.

Melhorar sem exigir.

Perseverar no melhor sem esmorecer.

Silenciar sem desajudar.

Servir sem escravizar-se.

Ensinar sem ferir.

Viver, buscando a luz sem a aflição do fim.

Progredir constantemente sem deixar de ser simples.

André Luiz

ESSE O CAMINHO

7

ESSE O CAMINHO

Rogaste a Deus acesso à felicidade.

Entretanto, hoje mesmo, ofereceste aos próprios irmãos o veneno do pessimismo no prato da intolerância.

Gritaste maldição para os que te feriram e acusaste por desertores os amigos que a vida arredou para longe de teu afeto.

Assinalaste companheiros sofredores com objetivos amargos e fugiste à presença dos que te rogavam consolação.

Para e pensa.

Cada pessoa necessitada, quanto cada problema, constituem degraus para a Grande Subida.

A ingratidão dos familiares, e o azedume dos que mais amas são convites e apelos à revelação de tua própria bondade.

Suportando o buril, o mármore desvela a obra prima e, tolerando os golpes do arado, é que a terra produz.

Esse é o nosso caminho para o triunfo.

É por isso, talvez, que Jesus escolheu a cruz da renunciação à maneira de trono para a suprema vitória.

Nem conforto entre os homens, nem piedade para si mesmo.

Somente o amor puro, embora sangrando, mas de braços abertos.

Meimei

8

PONDERAÇÃO

Diante do mal quantas vezes!...

Censuramos o próximo...

Desertamos do testemunho da paciência...

Criticamos sem pensar...

Abandonamos companheiros infelizes à própria sorte...

Esquecemos a solidariedade...

Fugimos ao dever de servir...

Abraçamos o azedume...

Queixamo-nos uns dos outros...

Perdemos tempo em lamentações...

Deixamos o campo das próprias obrigações...

Avinagramos o coração...

Desmandamo-nos na conduta...

Agravamos problemas...

Aumentamos os próprios débitos...

Complicamos situações...

Esquecemos a prece...

Desacreditamos a fraternidade...

E, às vezes, olvidamos até mesmo a fé viva em Deus...

Entretanto, a fórmula da vitória sobre o mal ainda e sempre é aquela senha de Jesus:

AMAI-VOS UNS AOS OUTROS COMO EU VOS AMEI!...

Bezerra de Menezes

FORA DA BOA
VONTADE NÃO
HÁ SOLUÇÃO

9

FORA DA BOA VONTADE NÃO HÁ SOLUÇÃO

Realmente, a caridade é a chave do Céu, entretanto, não nos esqueçamos de que a boa vontade é o começo da sublime virtude, tanto quanto o alicerce é o início da construção.

Se encontrarmos a cólera no espírito do companheiro e não temos a boa vontade da paciência, indiscutivelmente, atingiremos lamentáveis conflitos.

Se o desânimo nos visita e não dispomos de boa vontade na resistência, dormiremos delituosamente na inutilidade.

Se a maldade nos persegue e não exercitamos a boa vontade da desculpa compreensiva, desceremos a deploráveis movimentos de reação com resultados imprevisíveis.

Se o trabalho nos pede sacrifício e não usamos a boa vontade da renúncia, o atraso e a sombra dominarão a vida que devemos iluminar e sublimar.

Se o insulto nos surpreende e não praticamos a boa vontade do silêncio, cairemos na desesperação.

Se a prova nos procura, em favor de nossa regeneração e fugimos à boa vontade da conformação e da diligência, demorar-nos-emos indefinidamente na brutalidade, adiando sempre a nossa elevação para a Vida Superior.

De todos os males que escravizam as nossas almas, na Terra, os maiores são a ignorância e a penúria.

Para combatê-los e extingui-los, tenhamos a precisa coragem de trabalhar e servir, auxiliando-nos reciprocamente, aprendendo sempre e semeando o bem, cada vez mais, porque, se a caridade é o nosso anjo renovador, devemos reconhecer que, nos variados problemas da jornada na Terra, sem a boa vontade não há solução.

Emmanuel

REPREENSÃO

10

REPREENSÃO

A repreensão, sem dúvida, pertence à economia do nosso progresso espiritual, entretanto, antes de expedi-la, com a palavra, convirá sempre ponderar o porquê, o como e o modo, através dos quais devemos concretizá-la.

O lavrador, para salvar a erva tenra que amanhã será o orgulho do seu pomar, emprega cuidado e carinho para não lhe ferir o embrião em lhe subtraindo o verme devorador.

O artista, para retirar a obra prima do mármore, não martela o bloco de pedra indiscriminadamente e, sim, burila-o, cauteloso, antes de apressar-se.

O cirurgião, que atende ao enfermo, propicia-lhe anestésico e repouso, extraindo-lhe o problema orgânico, sem desafiar-lhe a reação das células vivas que, em desespero, poderiam estragar-lhe a atuação.

Usemos a repreensão a benefício do progresso de todos, mas, sem olvidar as nossas necessidades e deficiências, para que a compaixão fraternal seja óleo de estímulo em nossas frases.

Jesus, o Grande Médico, o Excelso Educador, sempre fez diferença entre o mal e a vítima.

Cura a moléstia, sem humilhar aqueles que se faziam hospedeiros dela e reprova o erro, sem esquecer o amparo imprescindível aos que se faziam desviados, que Ele tratava por doentes da alma.

Auxiliemos noventa e nove vezes e repreendamos uma vez em cada centena de particularidades do nosso trabalho.

Quem efetivamente auxilia, adverte com proveito real.

A educação exige piedade, apoio fraterno e constante recapitulação de ensinamentos para que se evidencie no campo da vida.

E, ainda nesse capítulo, não podemos esquecer a lição do Mestre, quando nos recomenda: Deixai crescer juntos o trigo e o joio, porque o Divino Cultivador fará a justa seleção, no dia da ceifa.

Semelhante assertiva não nos induz ao relaxamento, à indiferença ou à inércia, mas define o imperativo de nossas responsabilidades, uns à frente dos outros, para que sejamos, de fato, irmãos e amigos, com interesses mútuos, e não perseguidores cordiais que desorganizam as possibilidades de crescimento do progresso e perturbam o esquema de aperfeiçoamento que a Sabedoria Divina traçou, em favor de nosso engrandecimento comum.

Emmanuel

DEVER

11

DEVER

Qual a atitude mental que mais favorecerá o nosso êxito espiritual nas atividades do mundo?

Essa atitude deve ser a que vos é ensinada pela lei da reencarnação em que vos encontrais, isto é, a do esquecimento de todo mal para recordar apenas o bem e a bendita oportunidade de trabalho e edificação, nos patrimônios do tempo.

Esquecer o mal é aniquilá-lo, e perdoar a quem o pratica é ensinar o amor, conquistando afeições preciosas.

Daí a necessidade do perdão, no mundo, para que o incêndio do mal possa ser exterminado, devolvendo-se a paz legítima a todos os corações.

Emmanuel

UNAMO-NOS

12

UNAMO-NOS

Soam já as primeiras clarinadas anunciando, na Terra, a chegada do Mestre no seu segundo advento.

Dos túmulos abertos vêm as vozes dos antepassados chamar os homens à renovação.

A fisionomia enigmática da morte desaparece ante a alvorada de luz.

E a vida se manifesta bela e rica em toda parte, convocando as criaturas ao rebanho da felicidade.

Falam os "mortos". Voltam os esquecidos.

De escombros refulgem os fantasmas.

Todos conclamam a um só brado: ao trabalho e à marcha evolutiva!

Embora ainda proliferem no mundo os milenários monstros da guerra, da ira, da inveja e do orgulho, a caravana dos instrutores do progresso avança.

Estamos na fase áurea da ressurreição da Boa Nova.

Todos os caminhos de fé conduzem ao mesmo Divino Mestre da Galileia, mais cedo ou mais tarde.

Todas as estradas da fraternidade

conduzem ao Sábio Pastor dos rebanhos humanos no orbe planetário.

Para trás, indiferenças e aversões.

Para o olvido, erros e inquietantes reminiscências...

Marchemos!

Unamo-nos sob a Égide do Amigo Constante e sigamos edificando o mundo futuro para a nossa própria felicidade.

O Hoje será sempre uma esperança a mais.

Para a frente.

Nina

MEDIUNIDADE

13
MEDIUNIDADE

A mediunidade é aquela luz que seria derramada sobre toda a Terra aos tempos do Consolador, atualmente em curso na Terra.

A missão mediúnica, se tem os seus percalços e as suas provas espirituais, é uma das mais belas oportunidades de progresso e de regeneração concedidas por Deus, aos seus filhos imperfeitos ou endividados.

Sendo luz que brilha na vida, a mediunidade é atributo do espírito, patrimônio da alma imortal, elemento renovador da posição evolutiva da criatura terrena, enriquecendo todos os seus valores no capítulo do sentimento e da inteligência, sempre que se encontre ligada aos princípios evangélicos na sua trajetória pela face do mundo.

Emmanuel

APRENDIZADO

14

APRENDIZADO

– O homem físico está sempre ligado ao seu pretérito espiritual?

Já que a maioria das criaturas humanas se encontra em lutas expiatórias, podemos figurar o homem terrestre, à maneira de alguém a lutar para desfazer-se do seu próprio cadáver, que é o passado culposo, de modo a ascender para a vida e para a luz.

Essa imagem, temo-la na semente do mundo que, para desenvolver o embrião, cheio de vitalidade e beleza, necessita do temporário estacionamento no seio lodoso do solo, a fim de desfazer-se do próprio envoltório, crescendo, em seguida, para a luz do sol, cumprindo a própria missão enfeitada de flores e frutos.

Emmanuel

A MENTIRA

15

A MENTIRA

A mentira, muitas vezes, é ato de guardar a verdade para o momento oportuno, porquanto essa atitude mental se justifica na própria lição do Senhor, que recomendava aos discípulos não atirarem a esmo a semente bendita dos seus ensinos de amor.

Mentira é a ação capciosa que visa o proveito imediato de si mesmo, em detrimento dos interesses alheios, e essa atitude mental da criatura é das que mais humilham a personalidade, retardando, por todos os modos, a evolução do espírito.

Emmanuel

PAGAR ATÉ O ÚLTIMO CEITIL

16

PAGAR ATÉ O ÚLTIMO CEITIL

– "Digo-te que dali não sairás enquanto não tiveres pago até o último ceitil!"

O Mestre se reportava a resgates dolorosos, a difíceis prestações de contas e a consequências desastrosas de atos irrefletidos, quando assim falou.

Entretanto, essas mesmas palavras se aplicam também ao recebimento de verdadeiras recompensas pelos atos bons, à prestação de contas com juros, até no campo do bem e com vistas a prêmios concedidos a trabalhadores dignos.

É isso que faz com que os nossos corações exultem de alegria e felicidade em meditar que agora somos um pouquinho mais esclarecidos na faceta do amor que tempera a justiça.

Bem sabeis que, primitivamente, a palavra justiça inspirava temor, evocava castigo e até mesmo o inferno considerado sem fim.

Entretanto, agora que a luz da Terceira Revelação ilumina toda a Terra, quando não seja claramente em livros ou palestras, pelo menos no íntimo das consciências, que aos poucos despertarão para a realidade da vida e da possibilidade da comunicação entre os dois planos.

Em nossa época, repetimos, é imenso o nosso regozijo, porque vemos quão blasfema era a ideia de um castigo sem remissão, e como a justiça se ocupava quase que exclusivamente em maltratar e punir.

Hoje, porém, temos os olhos mais abertos para o amor de Deus.

Como não cessa Ele de distribuir prêmios, bênçãos e alegria, vos pedimos que confieis nessa justiça imensa e nesse amor infinito, que não deixa passar a menor ação sem abençoar e sem conduzir para o caminho reto, quando se trata de ação d'Ele desviada.

Elevemos o coração ao Pai com gratidão imensa e peçamos para que todos os que não compreendem a Divina Justiça, venham a fazê-lo em breve tempo.

Assim seja!

Bezerra de Menezes

17

A GRANDE INSTRUTORA

Benemérita instrutora existe, cuja visitação sempre recebemos com alarme e às vezes com reclamações infindáveis.

Orienta sem gritaria e ampara sem violência.

Semelhante mentora palmilha todas as estradas humanas e se chama "enfermidade".

Nesta afirmativa não há lirismo simbólico.

Desejamos apenas considerar que a doença é a correção provocada por nossos próprios desequilíbrios, agora ou no passado, atuando, a fim de que não venhamos a cair em maiores padecimentos na esteira do tempo.

Por isso mesmo, vale receber-lhe a presença com respeito, moderação e bom ânimo.

Se a dor não te impede a movimentação orgânica, persevera com o trabalho, sem desprezá-lo, embora não possas atender a todos os deveres na feição integral, e não olvides que enquanto o corpo é suscetível de ação própria, o serviço é o melhor reconstituinte para as deficiências da vida física e o melhor sedativo para os aborrecimentos morais.

Se a enfermidade age nas células que permanecem a teu serviço, confia-te ao pensamento reto.

Nunca te entregues à revolta, ao desalento ou à indisciplina.

Esse trio de sombras te encarceraria em maiores conflitos mentais.

A mente insubmissa ou desesperada não poderá governar o cosmo vital a que se ajusta, agravando os seus próprios problemas.

Ergue-te, em espírito, na intimidade do coração, trabalha sempre e não percas o sorriso de confiança.

Cada dia é nova folha do livro infinito da vida, e a proteção do Senhor não nos abandona.

Se tens o corpo atado ao leito, incapaz de mobilizar as próprias energias a benefício de ti mesmo recorda que, por vezes, a lição da enfermidade deve ser mais longa, a favor de nossa grande libertação no futuro.

Toda perturbação guarda origens profundas na alma, e se o veículo físico passará sempre à feição de veste corruptível, o espírito é o herdeiro da vida imortal.

Indispensável pensar nisso para que a serenidade nos dignifique nas horas de crise, porquanto representam grande apoio para nós mesmos, a calma e a coragem que espalhamos naqueles que nos cercam.

O doente inconformado é um centro de sombrios pensamentos, ligados à discórdia, à rebelião e ao desânimo.

A enfermidade exerce a função de mestre precioso.

Faze silêncio em ti e ouve-lhe os avisos ligeiros ou as advertências profundas.

E ainda que te encontres à frente da morte, lembra-te do Amigo Divino que demandou a ressurreição, através do leito erguido na cruz, usando o infinito amor e a extrema renúncia, no próprio sacrifício, para sanar as dores da Humanidade.

Emmanuel

ORAÇÃO NA FESTA DAS MÃES

18

ORAÇÃO NA FESTA DAS MÃES

Senhor Jesus!

Junto dos irmãos que reverenciam as mães que os amam, para as quais te rogamos os louros que merecem, embora atento à lei de causa e efeito que a Doutrina Espírita nos recomenda considerar, vimos pedir abençoes também as mães esquecidas, para quem a maternidade se erigiu em purgatório de aflição!...

Pelas que jazem na largueza da noite, conchegando ao peito os rebentos do próprio sangue para que não morram de frio;

pelas que estendem as mãos cansadas na praça pública, suplicando, em nome da compaixão, o sustento que o mundo lhes deve à necessidade;

pelas que se refugiam, nas furnas da natureza, acomodando crianças enfermas entre as fezes dos animais;

pelas que revolvem latas de lixo, procurando alimento corrompido de que os próprios cães se afastam com nojo;

pelas que pintam o rosto, escondendo lágrimas, no impulso infeliz de venderem o próprio corpo a corações desalmados, acreditando erroneamente que só assim poderão medicar os filhos que a enfermidade ameaça com a morte;

pelas que descobriram a calúnia e o fel nas bocas que amamentaram;

pelas que foram desprezadas nos momentos difíceis;

pelas que se convertem em sentinelas da agonia moral, junto aos catres da provação;

pelas que enlouqueceram de dor e foram trancadas nos manicômios;

e por aquelas outras que a velhice da carne cobriu de cabelos brancos e, sem ninguém que as quisesse, foram acolhidas por sombras do mundo nos braços da caridade!...

São elas, Senhor, as heroínas da retaguarda, que pagam à Terra os mais altos tributos de sofrimento...

Tu que reconfortaste a samaritana e secaste o pranto da viúva de Naim, que restauraste o equilíbrio de Madalena e levantaste a menina de Jairo, recorda as filhas de Jerusalém que te partilharam as agonias da cruz, quando todos te abandonaram, e compadece-te da mulher!...

Emmanuel

19

MENSAGEM ÀS MÃES

Mãezinha!

Quando nos acolheste nos braços, sentiste que o coração se te estalava no peito, à feição de harpa repentinamente acordada por mãos divinas.

Rias e choravas, feliz, crendo haver convertido o regaço em ninho de estrelas.

Aconchegaste-nos ao colo, qual se trouxesses uma braçada de lírios que orvalhavas de lágrimas.

Quantos dias de ansiedade e ventura, sorrindo ao porvir, e quantas noites de vigília e sofrimento, receando perder-nos!...

O tempo avançou laureando heróis e exaltando sábios, entretanto, para o teu heroísmo oculto e para a tua sabedoria silenciosa nada recebeste do tempo, senão as farpas de pranto que te sulcaram o rosto e os cabelos brancos que te aureolaram a existência.

Depois, Mãezinha, viste-nos

crescidos e transformados, sem que o amor se te alterasse ou diminuísse nas entranhas do espírito.

Muitos de nós fomos afastados de teu convívio, lembrando fontes apartadas de um manancial de carinho, na direção de outros campos...

Outros se distanciaram de ti à maneira de flores arrebatadas ao jardim de teus sonhos para as festas do mundo.

Ninguém te percebeu o frio da saudade e nem te viu o espinheiro de aflição atrás dos gestos de paciência, mas, nunca estiveste só...

Deus te ensinou a cartilha da ternura e a ciência do sacrifício, clareou-te a fé e te sustentou a coragem...

Quanto a nós, parecíamos desmemoriados e distraídos, no entanto, sabíamos, com toda a nossa alma, que as tuas preces e exemplos nos alcançavam os caminhos mais escuros, soerguendo-nos da queda ou sustando-nos o mergulho no abismo, à maneira das fulgurações estelares, que orientam os passos do viajor, quando a noite se condensa nas trevas...

E, ainda hoje, nos instantes de provação, basta que te recordemos o amor para que se nos ilumine o rumo e refaçam as forças.

É por isso, Mãezinha, que em teu dia de luz, enquanto a música da alegria te homenageia nas praças, nós estamos contigo, no aconchego do lar, para ouvir-te de novo as orações de esperança e beijar-te as mãos, repetindo: bendita sejas!

Meimei

20

PRECE DE AMOR

Amado Jesus!

Suplicando abençoes a nossa casa de fraternidade, esperamos por teu amparo, a fim de que saibamos colocar em ação o amor que nos deste.

Auxilia-nos a exercer a compaixão e o entendimento, ensinando-nos a esquecer o mal e a cultivar o bem, na paciência e na tolerância uns para com os outros.

Ajuda-nos a compreender e servir para que a nossa fé não seja inútil.

Faze-nos aceitar na caridade o esquema de cada dia e induze-nos os braços ao trabalho edificante para que o nosso tempo não se torne vazio.

Sobretudo, Senhor, dá-nos humildade, a fim de que a humildade nos faça dóceis instrumentos nas tuas mãos.

E, agradecendo-te o privilégio do trabalho, em nosso templo de oração, louvamos a tua **Infinita Bondade** hoje e sempre.

>   Scheilla

Conheça mais sobre
a Doutrina Espírita
através das obras de
Allan Kardec

www.ideeditora.com.br

ideeditora.com.br

Acesse e cadastre-se para receber
informações sobre nossos lançamentos.

twitter.com/ideeditora
facebook.com/ide.editora
editorial@ideeditora.com.br

IDE Editora é apenas um nome fantasia utilizado pelo INSTITUTO DE DIFUSÃO ESPÍRITA, entidade sem fins lucrativos, que promove extenso programa de assistência social, e que detém os direitos autorais desta obra.